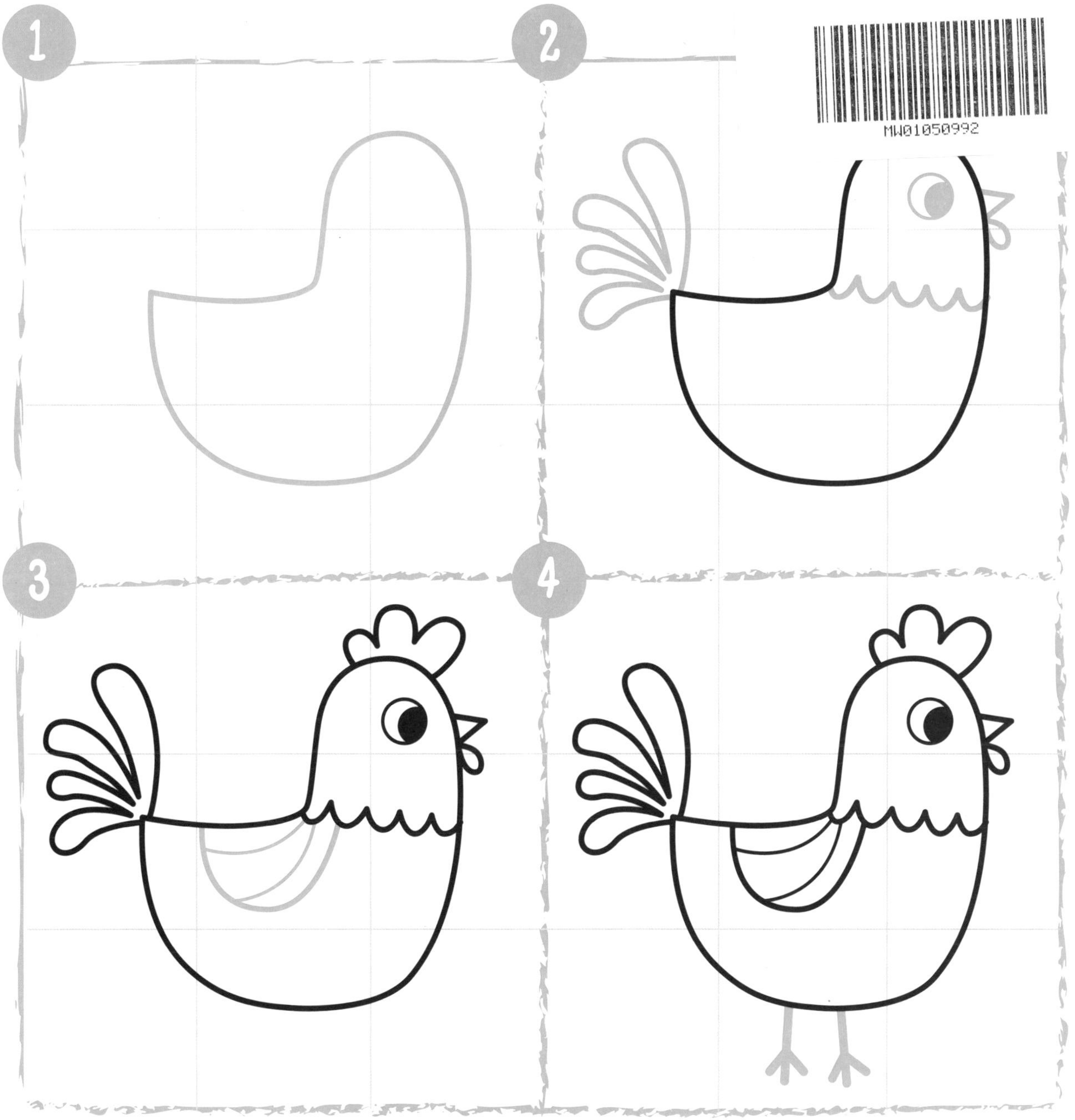
1
2
3
4

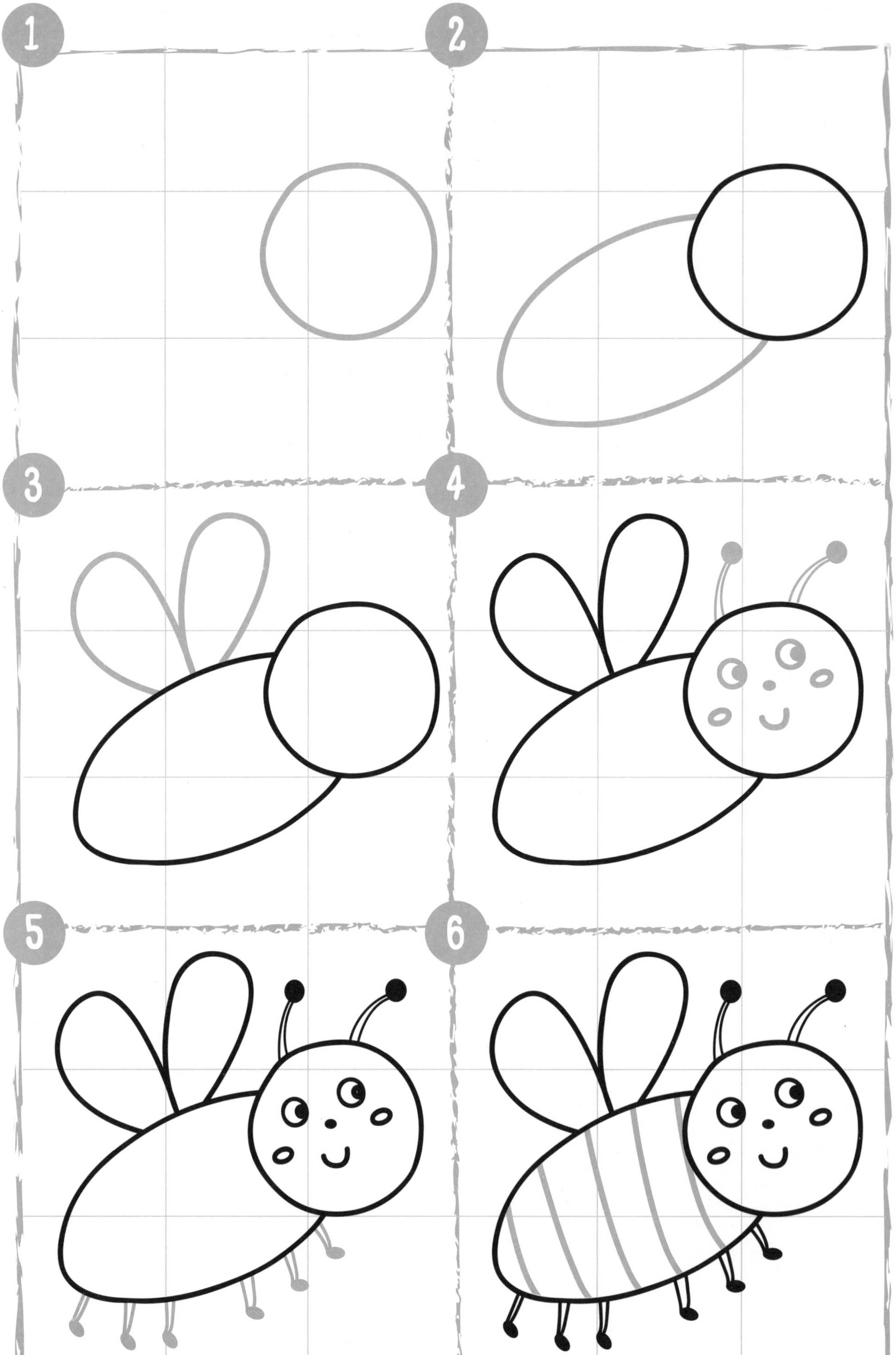
1
2
3
4
5
6

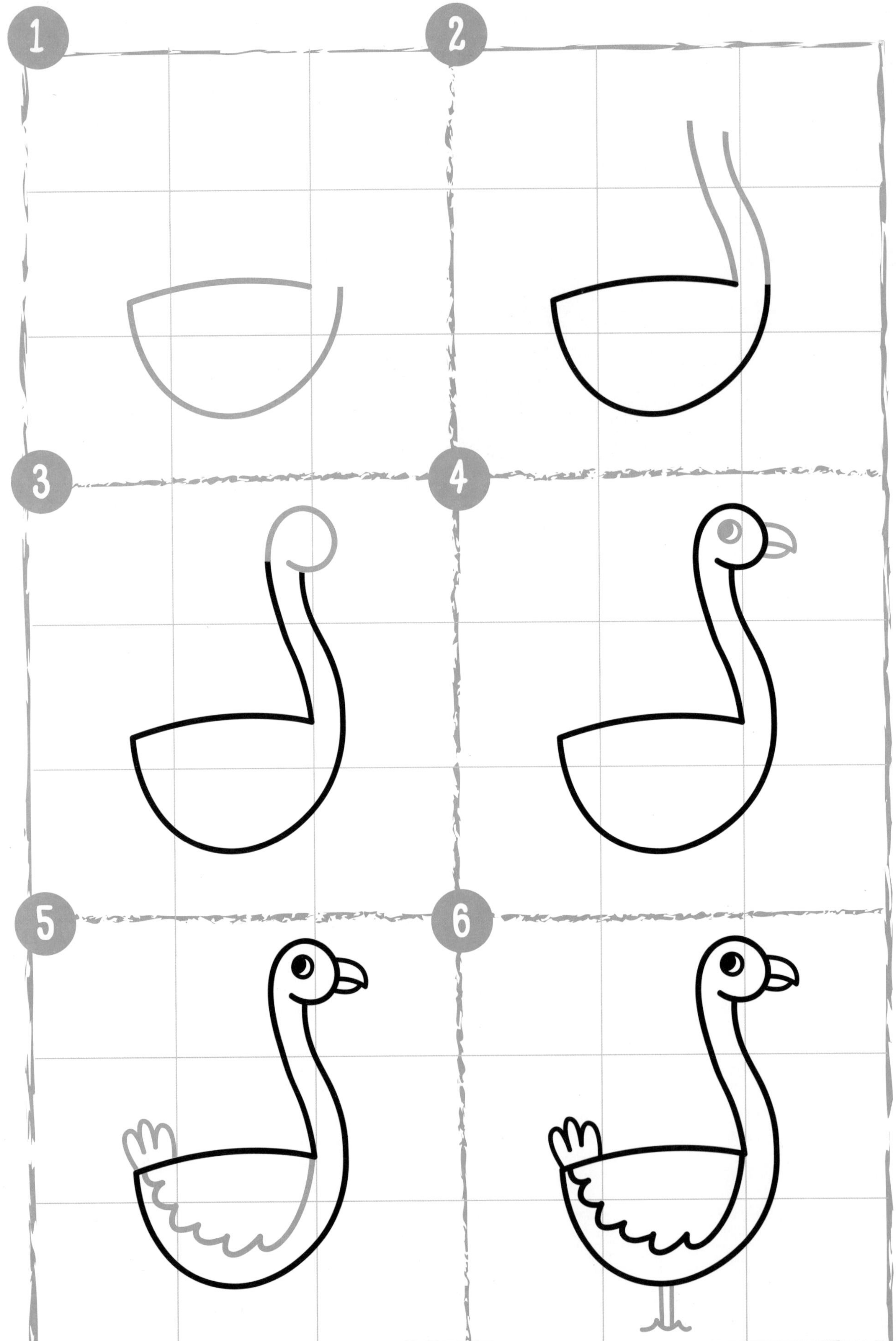
1
2
3
4
5
6

1
2
3
4
5
6

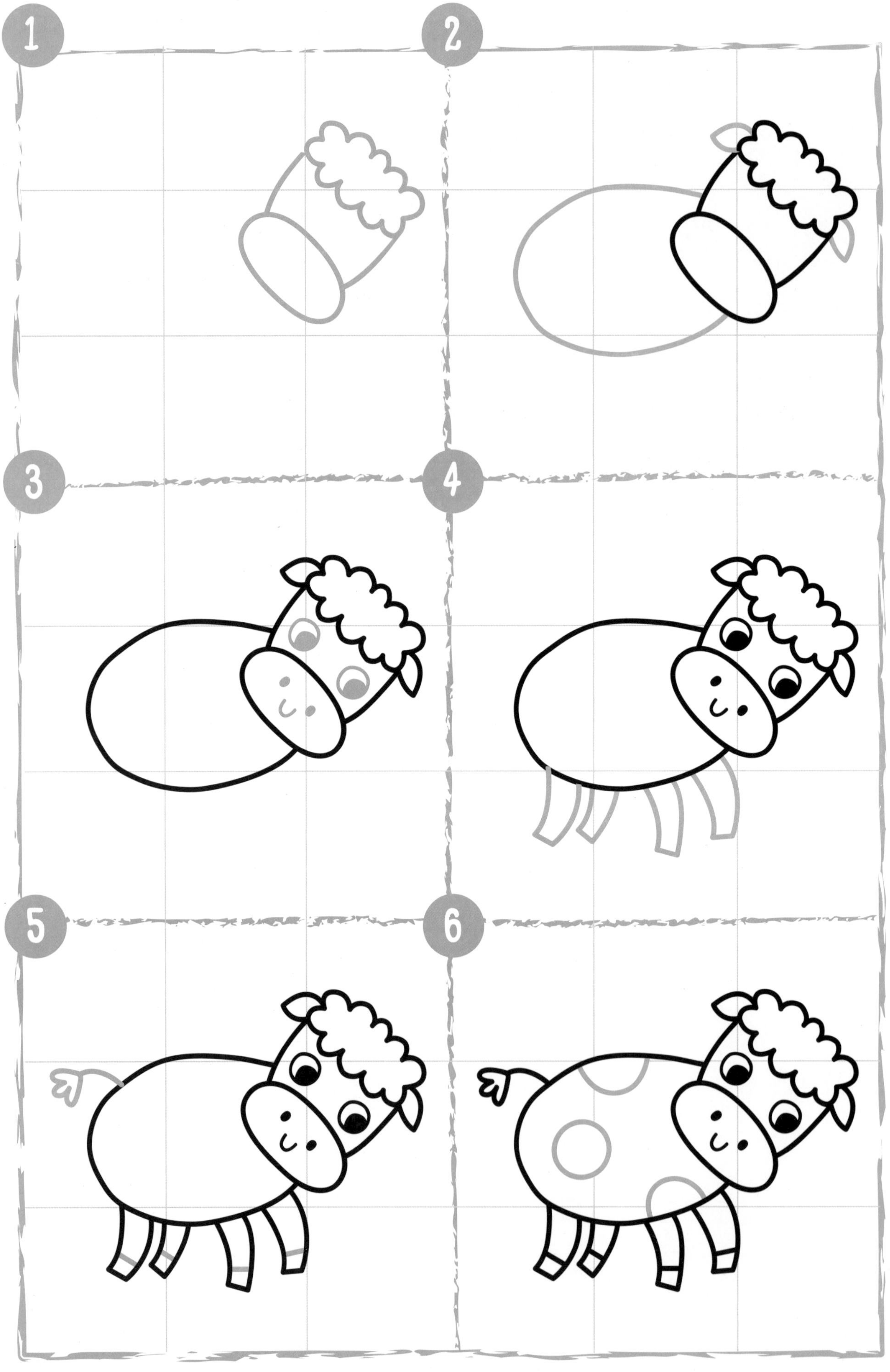
1
2
3
4
5
6

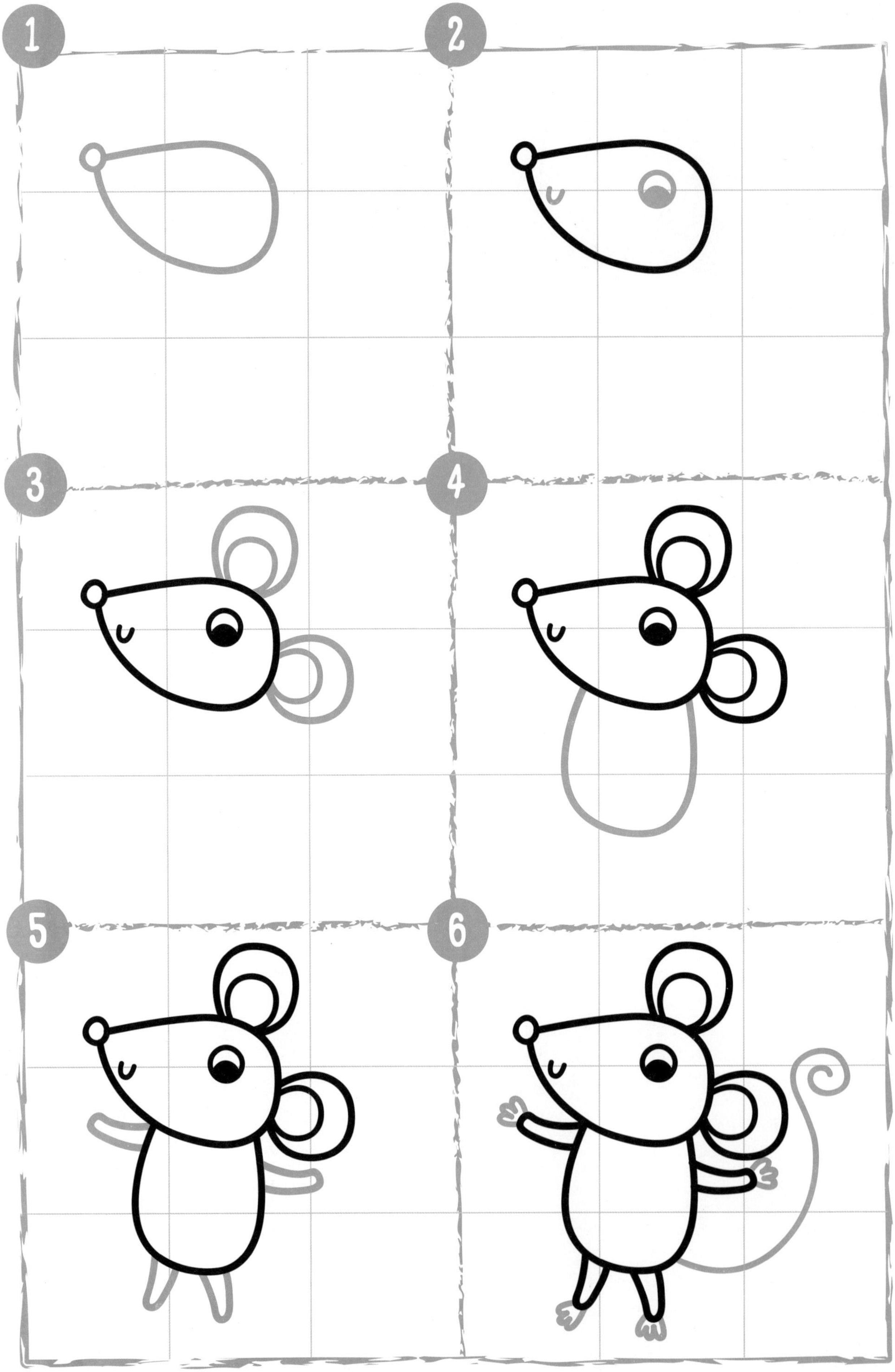
1
2
3
4
5
6

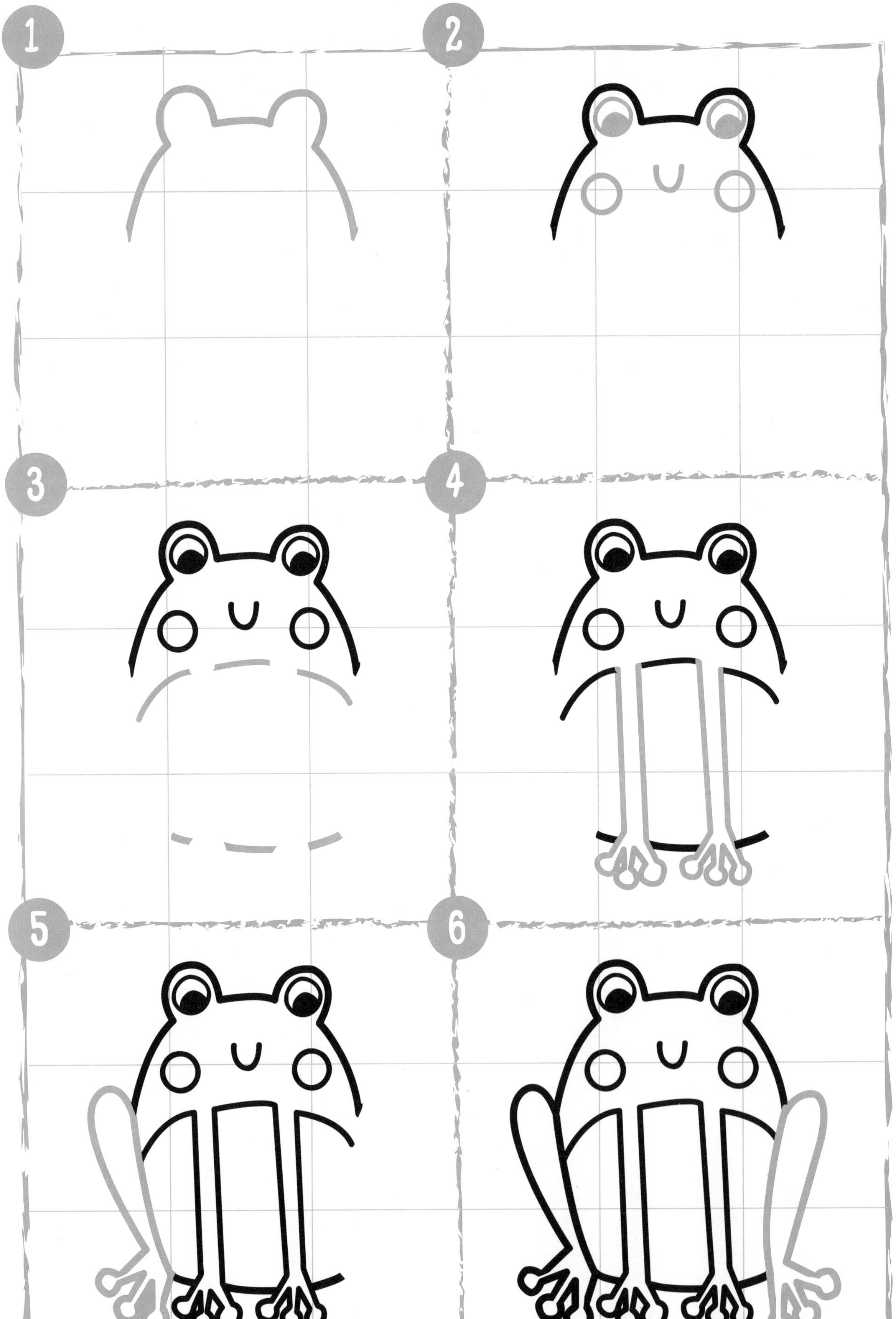
1
2
3
4
5
6

1
2
3
4
5
6

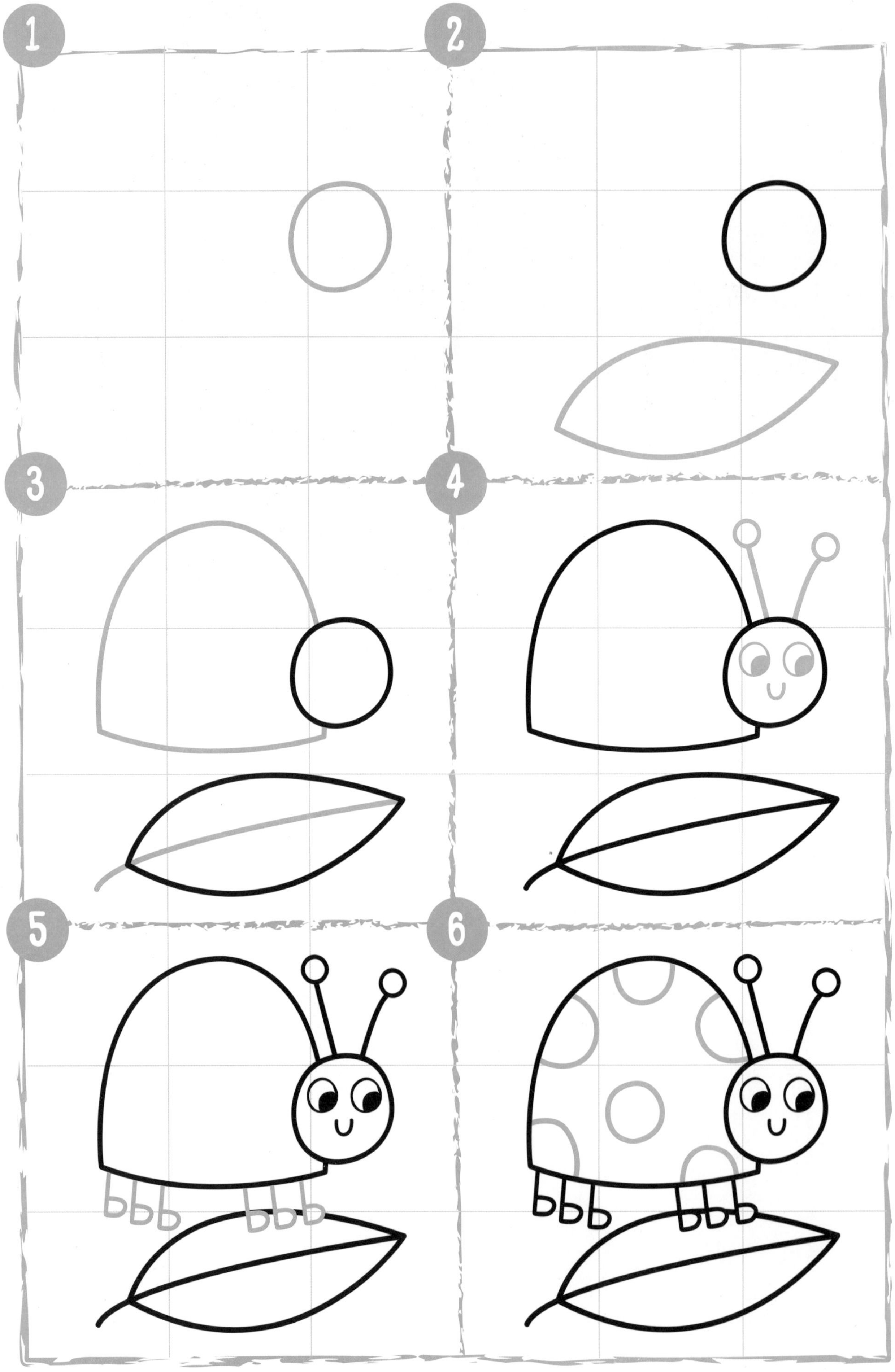
1
2
3
4
5
6

1
2
3
4
5
6

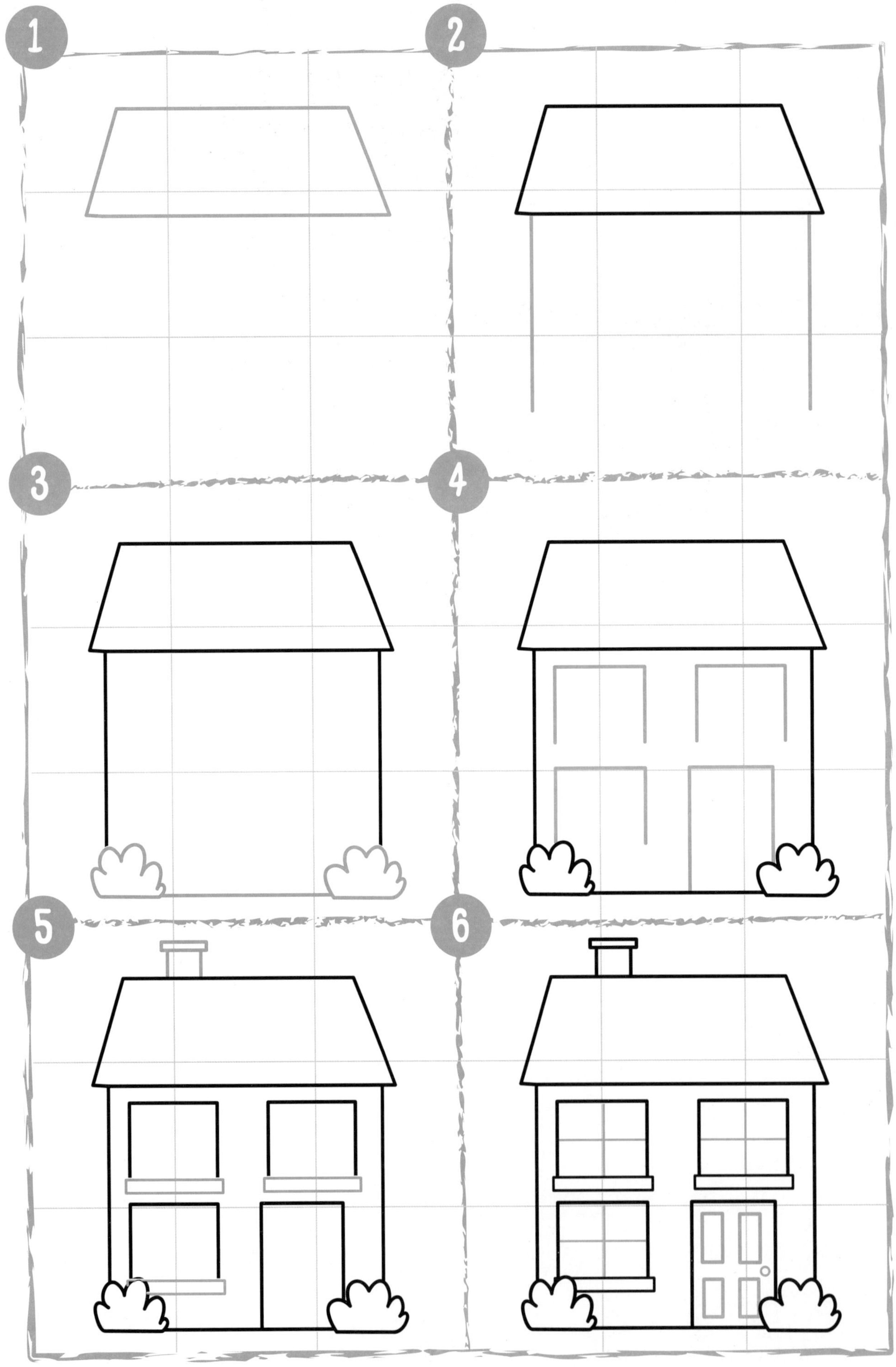
1
2
3
4
5
6

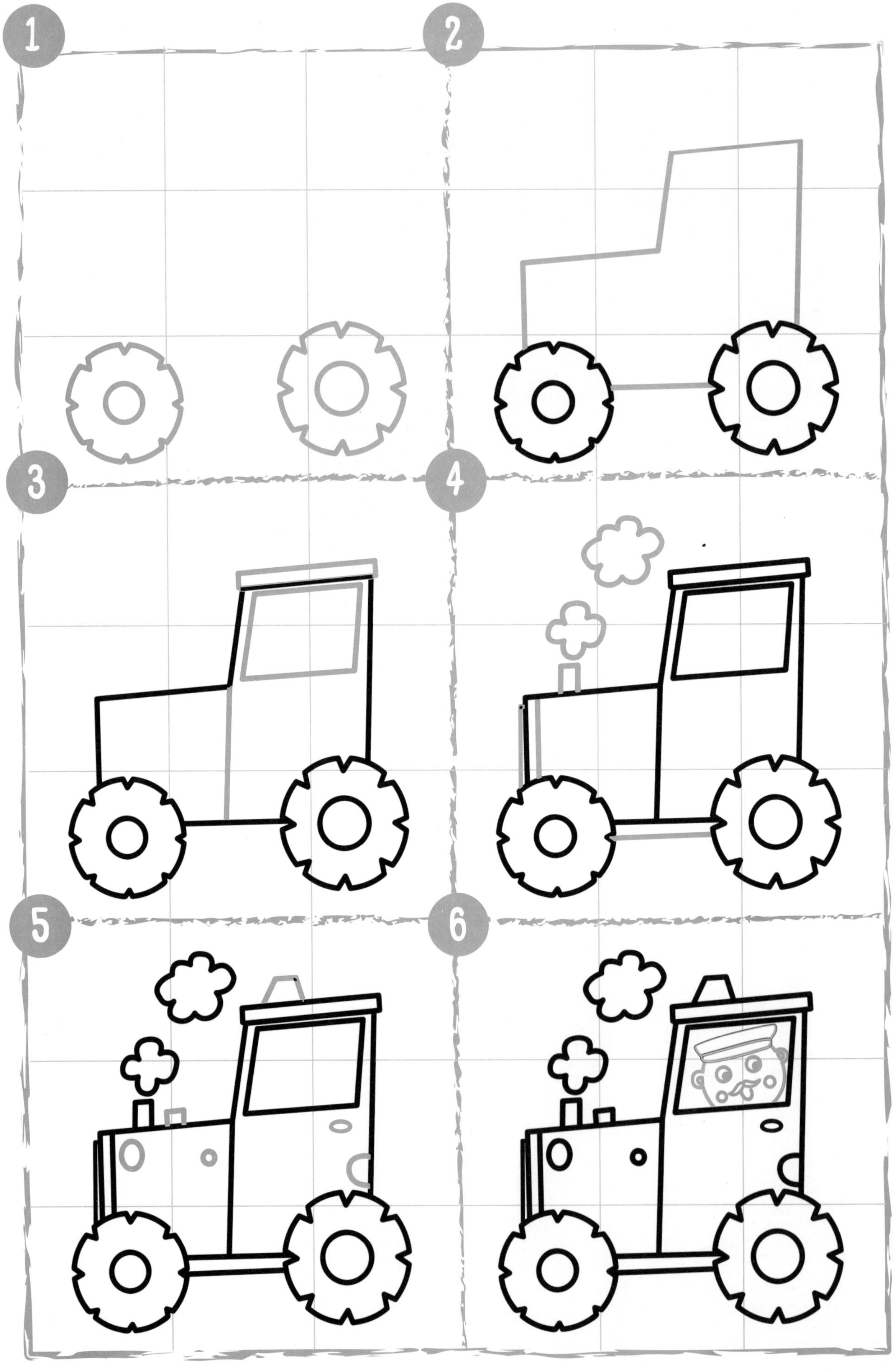
1
2
3
4
5
6

1
2
3
4
5
6

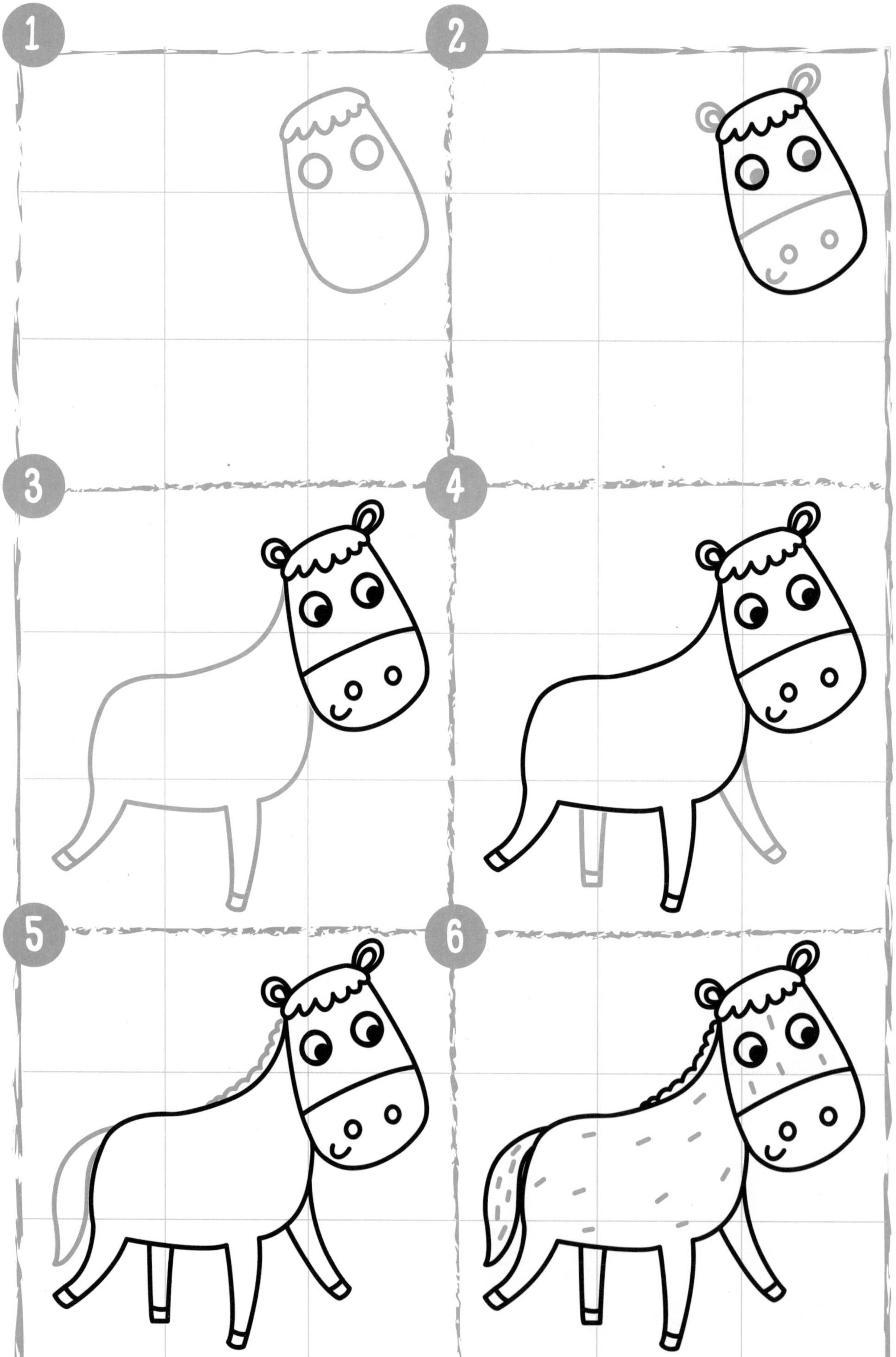
1
2
3
4
5
6

1
2
3
4
5
6

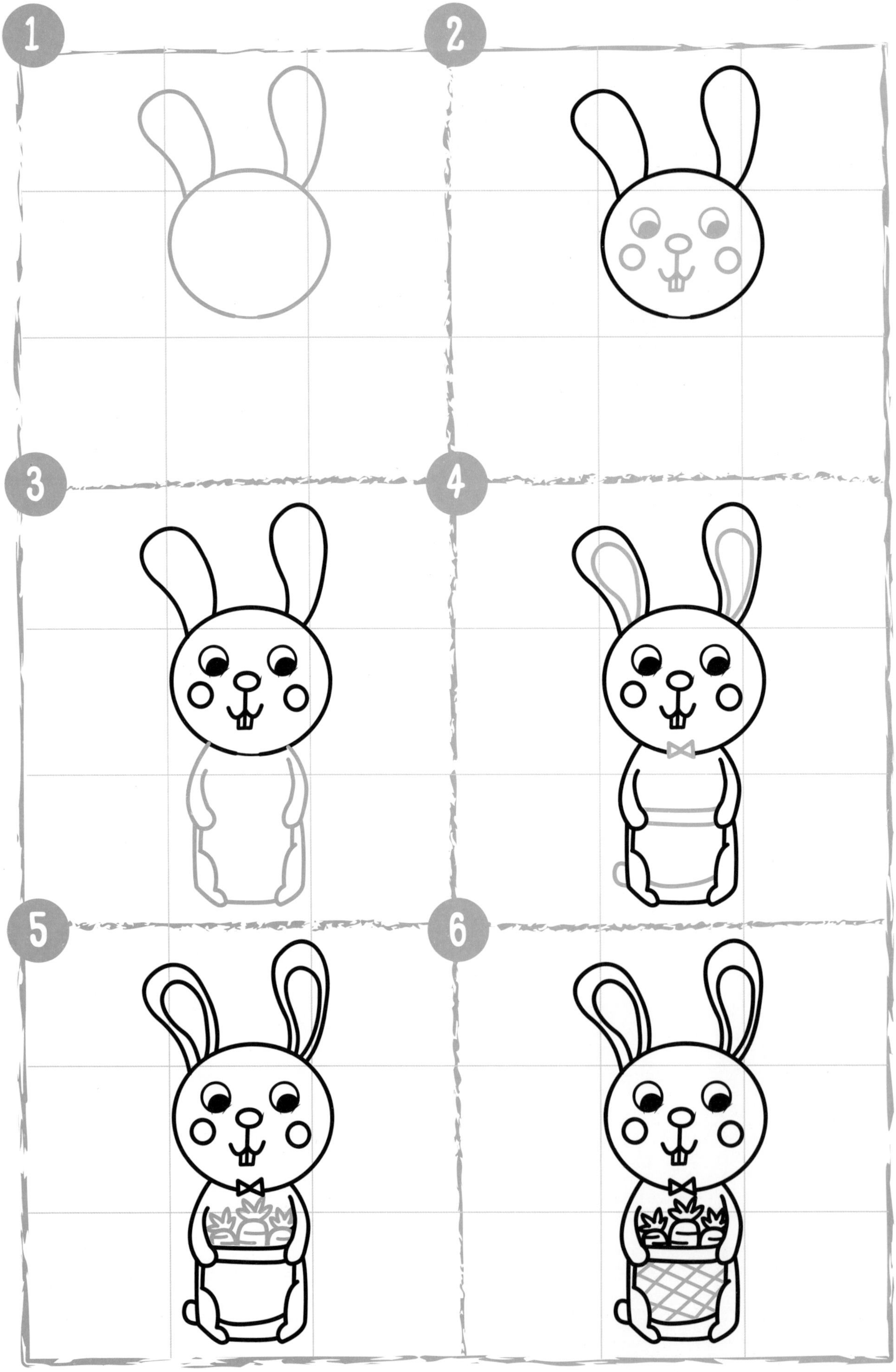
1
2
3
4
5
6

1
2
3
4